DESCRIPTION

DES PRINCIPALES

ARTILLERIES ÉTRANGÈRES

PAR

M. E. JOUFFRET

Capitaine d'Artillerie, Adjoint au professeur du Cours d'artillerie à l'École d'application
de l'artillerie et du génie, à Fontainebleau.

DEUXIÈME PARTIE

ARTILLERIE AUTRICHIENNE

BERGER-LEVRAULT et Cie, LIBRAIRES-ÉDITEURS

PARIS
RUE DES BEAUX-ARTS, 5

NANCY
RUE JEAN-LAMOUR, 11

1873

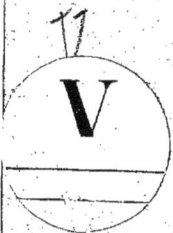

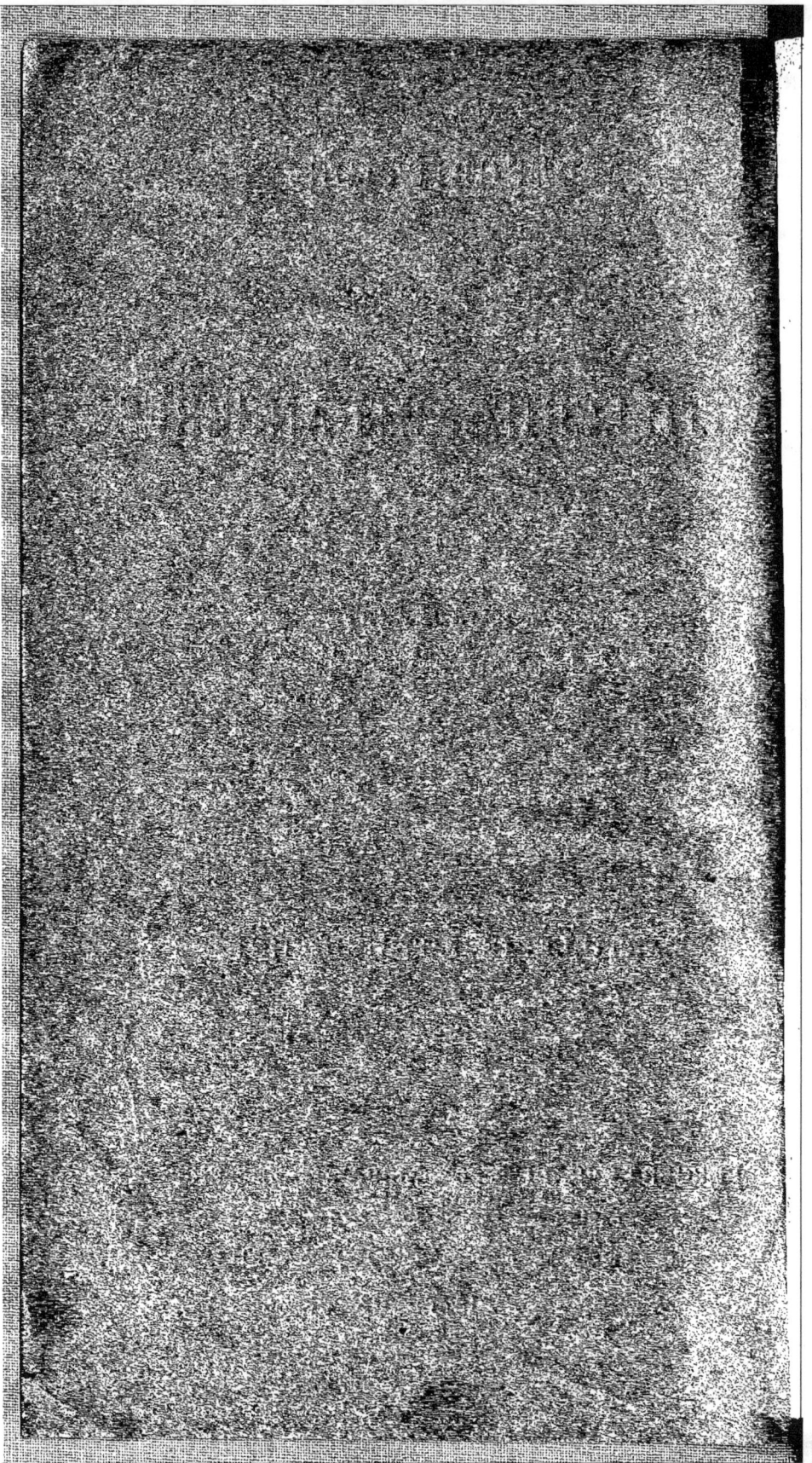

ARTILLERIE AUTRICHIENNE.

I. Bouches a feu. — Système *Lenk*, à coton-poudre. — Système de 1863.
— Bouches à feu de siége et de place. — II. Affuts. — Affûts de campagne,
— de montagne, — de siége et de place. — III. Projectiles. — Projectiles
lancés par les bouches à feu de campagne; par les bouches à feu de siége
et de place. — IV. Effets du tir. — Tension de la trajectoire, justesse,
forces vives restantes, effets d'éclatement. — V. Organisation. — Artillerie
de campagne; artillerie de place, artillerie technique. — Instruction des
officiers et des sous-officiers.

I

BOUCHES A FEU (¹).

Lorsqu'en 1859 les canons rayés vinrent s'imposer à
l'attention générale, une autre question, celle du coton-

(¹) Afin de faciliter la lecture des ouvrages originaux, on indique ici les mesures
dont fait usage l'artillerie autrichienne.

Mesures de longueur. — Le *pied* autrichien vaut $0^m,316$; il est divisé en 12 *pouces*
et le pouce en 12 *lignes* ; ces trois unités sont ordinairement marquées par les
signes (I, II et III). Les distances sont exprimées en pas de $2,4$ pieds $= 0^m,758$.

Mesures de poids. — L'unité de poids est la *livre de Vienne*, qui vaut $0^k,560$; elle
est subdivisée, soit en parties décimales, soit en 32 loths valant chacun $0^k,0175$.

Le tableau suivant facilitera la conversion de ces mesures en mesures françaises :

CONVERSION DES							
Pas en mètres.		Pieds en mètres.		Pouces en millim.		Livres en kilogr.	
1	0,758	1	0,316	1	26,3	1	0,560
2	1,516	2	0,632	2	52,6	2	1,120
3	2,274	3	0,948	3	78,9	3	1,680
4	3,032	4	1,264	4	105,2	4	2,240
5	3,790	5	1,580	5	131,5	5	2,800
6	4,548	6	1,896	6	157,8	6	3,360
7	5,306	7	2,212	7	184,1	7	3,920
8	6,064	8	2,528	8	210,4	8	4,480
9	6,822	9	2,844	9	236,7	9	5,040
10	7,580	10	3,161	10	263,0	10	5,600

Calibre. — Le calibre est le poids du boulet en fonte pour les canons, et du boulet
en pierre pour toutes les autres espèces de bouches à feu ; mais ce poids est rapporté
à une unité particulière, qu'on appelle la livre idéale d'artillerie, ou encore la livre
de Nuremberg, et qui vaut 0,817 de la livre de Vienne, c'est-à-dire $0^k,4575$. Le calibre
des balles en plomb, au contraire, s'exprime par leur poids rapporté à la livre de
Vienne.

poudre était depuis longtemps à l'ordre du jour en Autriche.

Des essais faits en France et en Angleterre, vers 1849, pour approprier cette substance aux usages de la guerre, n'avaient pas abouti. L'Allemagne, montrant plus de persévérance, les avait repris, et de nouvelles études avaient été faites par une commission d'officiers des divers États de la Confédération, réunie à Mayence en 1850 et 1851. Cette commission dut se séparer sans avoir réussi à enlever au coton-poudre tous ses inconvénients, mais l'Autriche continua alors les recherches pour son propre compte. Sous la direction du major Lenk, qui avait été membre de la commission de Mayence, elles furent poursuivies avec beaucoup d'activité et sur une très-grande échelle jusqu'en 1859, où la question vint se compliquer de celle de la rayure des pièces. Les deux problèmes furent étudiés en même temps, et en 1861 le colonel Lenk créa un système d'artillerie rayée de campagne et de montagne, à coton-poudre, qui devint réglementaire.

Ce système, dont il paraît utile de dire quelques mots, quoiqu'il n'ait pas vécu longtemps, comprend des pièces en bronze de 3, de 4 et de 8 se chargeant par la bouche. La section de l'âme est non pas un cercle, mais une spirale d'Archimède $a\,b\,c\,d\,e\,f\,A$, tracée comme l'indique la fig. 1 [1] (pl. VI), et dont l'origine et l'extrémité sont reliées par un flanc oblique $a\,A$; il faut considérer l'âme comme engendrée par cette spirale, qui se transporterait parallèlement à elle-même en tournant de droite à gauche, de manière à faire, depuis le fond jusqu'à la bouche de la pièce, les 0,55 d'une révolution; trois rainures équidistantes sont creusées sur la surface ainsi obtenue; elles ont le même angle de torsion que cette surface, et leur fond lui est parallèle.

L'obus, de forme ogivale et chargé en coton-poudre,

---

[1] La spirale est tracée au moyen de 6 arcs de cercle dont les centres, 1, 2, 3, 4, 5, 6 et les points de raccordement sont indiqués sur la figure 1. Ce croquis n'est d'ailleurs pas à l'échelle.

consiste en un noyau en fonte recouvert d'une enveloppe en métal mou; sa surface latérale est identique à la surface intérieure de l'âme, à cela près que la spirale génératrice ne se referme pas tout à fait et se termine au flanc a'A', au lieu de a A; de plus, les languettes qui correspondent aux trois rainures sont également un peu moins larges que celle-ci. Il y a ainsi un faible jeu qui suffit pour l'introduction du projectile; ce jeu a pu être réduit au minimum par la raison que le coton-poudre brûle sans résidus et n'encrasse pas la pièce. La tête du projectile présente deux oreilles diamétralement opposées, que saisissent deux entailles pratiquées dans la tête du refouloir; elles servent, lorsque l'obus a été poussé jusqu'au fond de l'âme, à le faire tourner de la droite vers la gauche, de manière à le serrer autant que possible contre la paroi du canon. Lorsqu'ensuite il est chassé par la poudre, il est à peu près dans les mêmes conditions qu'un projectile forcé qui aurait été introduit par la culasse, et il n'y a d'autre vent que celui résultant des vides longitudinaux qui restent entre les flancs du projectile et ceux de l'âme. La gargousse est formée par une corde en fulmi-coton, enroulée autour d'un noyau creux en bois, le tout enfermé dans un sachet de laine.

Le principal défaut reconnu au coton-poudre, dans les essais antérieurs, avait toujours été de détériorer très-rapidement les parois de l'âme; le général Lenk étant parvenu à l'atténuer considérablement, on se crut assez sûr du résultat pour faire construire et mettre en service 32 batteries complètes, construites suivant son système. Mais de nombreux accidents produisirent dans l'armée une défiance bientôt portée à son comble par l'explosion d'un grand dépôt près de Vienne, qui survint le 30 juillet 1862, et qu'une enquête très-minutieuse ne permit d'attribuer qu'à une inflammation spontanée. La répulsion que le nouvel agent inspirait aux troupes devint si énergique qu'on fut obligé de renoncer entièrement au système d'artillerie dont il formait la base : une décision impériale ordonna de décharger tous les projectiles qui en contenaient, et de vendre ou de détruire tout l'approvisionnement existant.

Ce n'est pas ici le lieu de discuter les qualités et les défauts du coton-poudre. On peut dire toutefois que les travaux du général Lenk ne sont pas le dernier mot sur cette substance, et que sa fabrication a reçu depuis lors de notables perfectionnements dus surtout au chimiste anglais Abel ([1]).

BOUCHES A FEU DE CAMPAGNE ET DE MONTAGNE.
(Modèle 1863.)

A la suite de la décision radicale qui avait été prise, l'artillerie autrichienne dut se remettre à l'étude ; ces nouvelles recherches eurent pour résultat un système qui fut adopté en 1863, et qui n'a reçu depuis que des modifications insignifiantes. Malgré la rapidité avec laquelle il a été créé, ce système, qui présente une grande parenté avec le précédent, est regardé comme ayant réalisé avec bonheur les diverses conditions auxquelles doit satisfaire un canon rayé se chargeant par la bouche.

Les canons sont en bronze et, comme ceux du système Lenk, des calibres de 3, 4 et 8 livres, le premier destiné au service de montagne.

Les canons de 3 et de 4 ont six rayures et ceux de 8 en ont huit. Ces rayures, tracées comme l'indique la fig. 2, ne sont pas séparées par des cloisons : chacune d'elles se compose d'un flanc de chargement a c et d'un fond excentrique c d, servant de flanc de tir, qui se prolonge jusqu'au flanc de la rayure voisine.

Le projectile est recouvert d'un alliage d'étain et de zinc, dont la surface reçoit une forme semblable à celle de l'âme, mais avec un vent plus considérable que dans le système précédent. La partie ogivale est aussi garnie

---

([1]) On trouvera à ce sujet des détails intéressants dans les *Comptes rendus de l'Académie des Sciences*, séance du 12 juillet 1869, et dans l'*Éloge funèbre de Pelouze*, par M. Dumas. *Bulletin de la Société d'encouragement, 1870*.

de deux oreilles destinées à être saisies par la tête du refouloir. Cette tête, représentée fig. 5, est une sorte de cloche en fer dont les parois sont percées de deux échancrures opposées, recourbées à angle droit. Après en avoir coiffé le projectile, on l'enfonce en laissant tourner le refouloir et il arrive au fond de l'âme dans la position représentée fig. 3. On le fait alors tourner jusqu'à ce qu'il s'applique exactement contre les faces de tir des rayures; les oreilles se présentent ainsi dans la partie droite des entailles, de sorte qu'il est facile de retirer le refouloir. Quant au projectile, il a pris la position marquée fig. 4, et le vent se trouve concentré le long des flancs des rayures; lorsqu'ensuite il est mis en mouvement par la force impulsive des gaz de la poudre, il tourne de gauche à droite, en s'appuyant toujours sur les parties circulaires de l'âme, et son axe ne cesse pas de coïncider avec celui de la pièce. Par cette disposition, le projectile a une très-large surface d'appui et est conduit bien plus sûrement qu'au moyen de tenons de faibles dimensions engagés dans d'étroites rayures, ainsi que cela a lieu dans les canons français se chargeant par la bouche.

Le tableau suivant fait connaître les principales données relatives à ces bouches à feu:

	CANONS de montagne de 3.	CANONS DE CAMPAGNE	
		de 4.	de 8.
Diamètre de l'âme (cercle inscrit) . . .	74mm,01	81mm,21	100mm,92
Vent du projectile	1mm,62	2mm,19	2mm,19
Rayures. Nombre	6	6	8
Profondeur	3mm,95	4mm,88	4mm,88
Largeur	38mm,7	42mm,5	39mm,6
Inclinaison sur l'axe de la pièce .	8°30′	8°30′	8°30′
Pas.	1567mm	1703mm	2117mm
Poids de la bouche à feu	84k	268k	498k
Longueur totale de la bouche à feu . .	1027mm	1382mm,8	1685mm
Longueur de l'âme	830mm	1211mm,6	1468mm,4
Longueur de la partie rayée	751mm	1080mm	1330mm,2

Les Autrichiens ont admis en principe l'introduction des mitrailleuses dans le matériel de campagne et ont adopté provisoirement celles du système Christophe-Montigny; ils les placent dans les divisions par batterie de quatre pièces ([1]).

Bouches à feu de siége et de place. — Pour le service de siége et de place, l'artillerie autrichienne fait usage de canons rayés de 24, de 12 et de 6 ([2]), se chargeant par la culasse; ces pièces sont munies du mécanisme de fermeture Wahrendorff, avec obturateur en carton ou avec anneau expansif; la portière de fermeture est en bronze. Le tableau suivant fait connaître les données principales relatives à ces canons :

	CANONS		
	de 6.	de 12.	de 24.
Diamètre de la partie rayée de l'âme (mesuré entre les cloisons)	91^{mm},3	120^{mm},3	149^{mm},1
Longueur totale de la bouche à feu	»	2774^{mm}	3086^{mm},
Longueur de la partie rayée de l'âme	»	2172^{mm}	2529^{mm},
Rayures. { Nombre	18	24	30
Largeur	10^{mm},6	10^{mm},6	10^{mm},6
Profondeur	1^{mm},8	1^{mm},3	1^{mm},6
Pas en millimètres	4707^{mm}	6278^{mm}	9416^{mm}
Pas en calibres	51$^{1}/_2$	52	63
Inclinaison sur les génératrices de l'âme	3^{0}30'	3^{0}26'	2^{0}41'
Fraction de tour dans l'âme	$^1/_3$	$^1/_3$	$^1/_4$
Poids de la bouche à feu (sans le mécanisme de ferm.)	640^k	1478^k	2811^k
Poids du mécanisme de fermeture	22^k	42^k	62^k
Prépondérance de culasse	»	123^k	127^k

Un canon de 8 pouces, en bronze, se chargeant par la culasse, destiné à la défense des fronts de mer, est actuellement en expérience; il est muni du mécanisme de fermeture à coin cylindro-prismatique du système Krupp.

Les expériences faites en 1869 et 1870 ont fait adopter un mortier rayé de 8 pouces, en bronze, se chargeant par la culasse, à coin cylindro-prismatique (calibre 209^{mm},2;

([1]) Voir pour plus de détails la *Revue militaire de l'étranger* (1er janvier 1872).
([2]) Le canon de 6 est abandonné en principe.

longueur totale 2059^{mm}; longueur de la partie rayée, 859^{mm}; poids, 4655 kil.; nombre des rayures, 30; inclinaison des rayures, 3°1').

Le matériel de siége et de place comprend encore un certain nombre de pièces *lisses* en fonte; les principales sont les suivantes :

	CALIBRE.	POIDS.
	mm	kil
Canon de 12 de siége léger.	118,4	880
id. de 24 id. court.	148,0	1955
id. de 24 id. long.	148,0	2764
id. de 48 de côte.	185,7	4515
Canon à obus (*Granate-Kanone*) de 7 lourd	149,1	880
id. id. de 7 léger	149,1	406
Obusier (*Haubitze*) de 7 court	149,1	331
id. id. de 30 court.	240,6	2174
id. id. de 30 de côte.	240,6	4834
Mortier de 7 (*Granate-Mörser*).	149,1	63
id. de 30 (*Bomben-Mörser*)	241,2	533
id. de 60 id.	301,9	1238
id. de 60 de côte, à plaque	301,9	3602

Bouches à feu de la marine. — Outre un très-grand nombre de pièces lisses de dénominations diverses, la marine autrichienne possède les canons rayés suivants :

1° Un canon rayé de 24 livres, pareil au canon de siége;

2° Un canon rayé de 100 livres (ou 7 pouces) du système de Woolwich, se chargeant par la bouche (calibre, 177^{mm},8 ; poids, 6500 kil.);

3° Un canon rayé de 8 pouces, en acier, se chargeant par la culasse, à coin cylindro-prismatique Krupp (calibre, 209^{m},2; poids, 7109 kil.)

Un canon rayé de 9 pouces, du même système, est en expérience.

II.

AFFUTS.

Affûts de campagne. — Les affûts de campagne autrichiens
sont, comme les affûts prussiens, à flasques longs (fig. 6).
Ces deux flasques sont parallèles et réunis par trois entre-
toises et six boulons. Un corps d'essieu en bois recouvre
le dessus et le devant de l'essieu, qui est en fer forgé.
Les boîtes de roue sont en fonte. L'appareil de pointage se
compose des parties suivantes (fig. 7) : 1° une fourche en
fer F, dont la tête, en forme de plateau, reçoit la culasse
et dont les deux branches tournent autour d'un boulon
traversant les flasques à la partie antérieure de l'affût ;
elles embrassent ce boulon par des trous n, qui sont al-
longés dans le sens horizontal ; 2° une vis de pointage,
reliée à la tête de la fourche par une articulation à char-
nière a ; 3° un écrou en bronze i, logé dans l'entretoise
du milieu et engrenant avec une vis sans fin s, mise en
mouvement par une petite manivelle qui se trouve en
dehors du flasque gauche. Au moyen de cette manivelle
et de la transformation de mouvement qu'opère la vis
sans fin, on fait tourner l'écrou, et comme la vis de pointage ne peut pas tourner, elle s'élève ou s'abaisse, en en-
traînant avec elle le plateau qui supporte la culasse. A
l'intérieur, une petite roue dentée est calée sur l'arbre de
la manivelle, et un verrou qu'on peut pousser entre les
dents de cette roue sert à empêcher la vis de tourner
toute seule par l'effet de la pression qu'elle supporte.

Avec l'affût de 4 on peut tirer de — 7° à + 24° ; avec
celui de 8, de — 8° à + 23°.

Un coffre renfermant quatre coups à mitraille est fixé
sur les flasques, vers le milieu de leur longueur ; son couvercle est rembourré et disposé en forme de selle, de manière qu'on puisse y faire mettre à califourchon un

homme à l'affût de 4 et deux à celui de 8. Un marchepied est adapté au flasque gauche.

Dans l'affût de 4, chaque flasque porte, près de la crosse, une poignée *h*, située dans un plan horizontal, et une poignée *k*, située dans un plan vertical ; les deux poignées horizontales servent pour les mouvements d'avant-train et les deux autres remplacent le levier de pointage entre les mains du pointeur-servant. Dans l'affût de 8, ces *poignées de pointage* n'existent pas : la manœuvre se fait avec un levier qui est maintenu, *perpendiculairement aux flasques*, au moyen d'un anneau fixé sur le flasque gauche et d'un piton fixé sur l'entretoise de crosse près du flasque droit. Cette disposition du levier de pointage, tout à fait particulière au système autrichien, semble exiger d'assez grands efforts pour soulever la crosse et rendre la manœuvre difficile, surtout sur un sol détrempé.

Pour les marches, l'affût est relié à l'avant-train par le système dit à *contre-appui*, c'est-à-dire que, comme dans les voitures prussiennes et dans les voitures de siége françaises, il porte sur une sassoire et tourne autour d'une cheville ouvrière verticale ; aussi l'angle de flexion des deux trains, angle qui, pour nos voitures, est à peu près illimité dans les deux sens, ne pourrait pas dépasser 21° sur un sol formant arête, ni 14° sur un sol formant gouttière ; (pour les voitures prussiennes, les nombres analogues sont 22° et 10°30'). La lunette de cheville ouvrière est percée dans une pièce en fer qui est logée dans l'entretoise de crosse ; cette même pièce porte une chaîne d'embrelage qui sert à compléter la réunion des deux trains.

Sur le couvercle du coffre de l'avant-train est placé un coussin rembourré, et trois canonniers peuvent s'y asseoir. Trois autres canonniers sont sur le caisson.

L'attelage est à quatre chevaux pour la pièce de 4 dans les batteries à pied (voir ci-dessous), et à six dans les autres cas.

Affût de montagne. — L'affût de montagne a toutes ses

parties en fer, excepté le corps d'essieu, qui est en bois. Il ne comporte pas de limonière.

Données numériques.

		AFFUTS		
		de 3.	de 4.	de 8.
Affût.	Poids de l'essieu	»	49ᵏ,840	72ᵏ,240
	Hauteur des roues	0ᵐ,973	1ᵐ,368	1ᵐ,368
	Poids de l'affût avec sa pièce	178ᵏ	682ᵏ	1080ᵏ
Avant-train.	Poids de l'essien .... ̇	»	49ᵏ,840	49ᵏ,840
	Hauteur des roues	»	1ᵐ,131	1ᵐ,131
Angle du tournant.		»	46°30′	46°30′
Espace nécessaire pour faire demi-tour		»	6ᵐ,73	7ᵐ,11
Poids total de la pièce, avec les munitions et les servants		»	1200ᵏ	1730ᵏ
Voie.		0ᵐ,736	1ᵐ,525	1ᵐ,525
Hauteur de l'axe de la pièce pointée horizontalement.		0ᵐ,657	1ᵐ,157	1ᵐ,246

Affûts de siége et de place. — Les affûts de siége (*Batterie-Laffete*) sont en bois, à flasques longs.

Les affûts de place sont de deux espèces ̇ : les uns, dits *Depressions-Laffete*, ressemblent aux affûts marins français et sont montés sur un grand châssis ; les autres, dits *Festungs-Laffete*, sont analogues aux affûts de place en usage en France et sont placés sur une sorte de lisoir directeur.

Les affûts de mortier sont formés d'une semelle en bois et de deux crapaudines destinées à recevoir les tourillons ; ils sont munis, sauf l'affût du mortier de côte, d'une vis de pointage sur laquelle repose, par l'intermédiaire d'une pièce en fer, la volée du mortier.

L'affût de mortier rayé a une forme analogue à celui du mortier rayé prussien.

III.

PROJECTILES.

Projectiles de campagne et de montagne. — Les pièces de campagne lancent des obus ordinaires, des shrapnels, des obus incendiaires et des boîtes à mitraille.

Obus ordinaire.—La figure 8 représente en élévation le noyau de l'obus, et la figure 9 représente en coupe et en élévation ce même obus avec l'enveloppe en métal mou (alliage d'étain et de zinc).

De même que dans l'artillerie prussienne, l'obus ordinaire comporte exclusivement une fusée percutante, tandis que le shrapnel comporte exclusivement une fusée à durée. La première, dont l'idée est due au colonel Fleischanderl, date de 1862 ; elle ne renferme pas de fulminate et appartient à la catégorie que les étrangers appellent des *fusées à concussion* et qu'on désigne quelquefois en France sous le nom de *fusées percutantes par les gaz.* On peut y distinguer quatre parties : la tête, le tube, l'appareil de concussion et le cylindre garde-feu (fig. 10).

La *tête*, en alliage d'étain et de zinc, présente sur sa face supérieure une entaille destinée à recevoir un tournevis, et sur son pourtour cylindrique une gorge garnie d'une mèche à étoupille que recouvre une feuille d'étain ; au-dessus est une partie filetée qui se visse dans l'œil du projectile. Elle a un vide intérieur divisé en deux compartiments : le premier, en commençant par le bas, est taraudé pour recevoir le tube ; le second, plus étroit et rempli de composition fusante, communique avec la gorge extérieure par quatre canaux inclinés, garnis de mèche.

Le *tube*, en laiton, est fileté à sa partie supérieure pour être vissé dans la tête ; il porte en son milieu une gorge g et à sa partie inférieure un rebord r, destinés à fixer l'appareil de concussion ; entre le rebord et celui-ci, est interposée une plaque d'étain. L'*appareil de concussion* se compose d'une masselotte en laiton m, et d'une pièce faite avec un alliage de 96 parties d'étain et de 4 de cuivre, dans laquelle se trouve une chambre c remplie de poudre. Cette chambre présente à sa partie supérieure une ouverture cylindrique dans laquelle entre en partie la masselotte faisant fonction de bouchon et assujettie avec du plâtre.

Le *cylindre garde-feu f* est formé d'un mélange de :

20,3 parties de salpêtre,

0,6   —   soufre,

23,8   —   charbon et résine.

Lorsque cette composition est un peu sèche, on moule par compression le cylindre creux, puis, afin d'augmenter sa solidité, on colle de la mousseline sur sa surface extérieure. Pour assembler la fusée, on place ce cylindre dans le tube, où des brins de mèche à étoupille l'isolent et de la paroi du tube et de la masselotte ; on place ensuite au-dessus du tube un disque de fer-blanc *d* percé de trous et on le visse dans la tête. Le disque de fer-blanc a pour objet d'empêcher l'extinction du cylindre par la terre qui pourrait entrer dans la fusée après la chute du projectile.

Pour adapter la fusée au projectile, on place sur l'épaulement de la lumière *e* (fig. 9) un disque en caoutchouc destiné à empêcher tout ballottement, on place sur le méplat du projectile une rondelle de cuir destinée à rendre la fermeture hermétique, on enduit les filets de gomme laque liquide, on visse la fusée dans l'œil, enfin on introduit dans un trou latéral une goupille destinée à l'empêcher de se dévisser pendant le trajet dans l'air.

Dans le chargement, la fusée n'exige aucune préparation. Quand le coup part, les gaz font fondre l'étain qui recouvre la gorge extérieure, enflamment l'étoupille et le feu se communique à la composition tassée dans la tête de la fusée. Celle-ci brûle assez rapidement, et la flamme porte au rouge le cylindre garde-feu, qui reste dans cet état pendant toute la durée du trajet. Quand le projectile arrive au but, la masselotte se porte en avant, suivie de la poudre qui se trouve dans la chambre et qui prend feu au contact du cylindre incandescent ; l'explosion fait crever la plaque du fond et le feu pénètre dans le projectile.

L'artillerie autrichienne employa cette fusée pendant la guerre contre le Danemarck, notamment au bombardement de Sonderbourg ; la matière garde-feu n'était alors autre chose que la mèche rouge de certains briquets à l'usage des fumeurs: coton non filé imprégné de salpêtre ou d'acétate de plomb. Les Autrichiens s'en servirent encore à Sadowa, mais il y eut beaucoup de ratés sur le champ de bataille, ratés qui furent attribués à ce que la fusée était alors entourée non d'une feuille d'étain, mais d'une coiffe en caoutchouc que les servants, peu instruits, n'enlevaient pas avant de charger. Dans des expériences récentes faites à Vienne, elle a donné 9 0/0 de ratés avec l'obus de 4, et 3 0/0 avec celui de 8.

Shrapnel (fig. 11). — La charge du shrapnel, en poudre à fusil, est placée dans une chambre à l'arrière du projectile, séparée des balles par un culot en fer n et communiquant avec la fusée par un tube central r rempli de poudre ; les balles s'introduisent par un trou latéral percé dans la partie ogivale du projectile et fermé ensuite avec un bouchon à vis.

La fusée est organisée de la manière suivante (fig. 12) :

Le corps, formé d'un alliage de 96 parties de cuivre et 4 d'étain, est une sorte de plateau bb, au-dessous duquel est un cylindre fileté s qui renferme la chambre à poudre et se visse dans le projectile, tandis que le dessus est surmonté d'un arbre a fileté seulement à sa partie supérieure. Le plateau proprement dit est recouvert par une couronne de cuir enduite de gomme laque et maintenue par un rebord étroit. De la chambre à poudre, part un conduit h rempli de mèche à étoupille, se dirigeant obliquement vers le haut et venant déboucher en un point de cette couronne ; l'ouverture est élargie et garnie elle-même de mèche, et sa place est marquée par un signe rouge sur le pourtour cylindrique du plateau. Au-dessus du plateau et autour de l'arbre se trouve le disque à composition d, puis une plaque de recouvrement e assez mince, enfin une vis de serrage f destinée à presser d'une manière permanente le disque à composition contre le coussinet de cuir.

La composition, qui n'est autre chose que du pulvérin,

est tassée dans un canal annulaire creusé dans la face inférieure du disque, et elle est recouverte d'une feuille d'étain
qui a pour objet de la soustraire aux causes extérieures de
détérioration et d'assurer la régularité de la combustion.
Le canal prend naissance sur l'un des côtés d'une assez
large échancrure *u* du disque, qui est remplie de mèche
à étoupille et recouverte par une feuille d'étain; sur le
pourtour cylindrique du disque est gravée une division
en distances, dont le zéro correspond à ce même côté de
l'échancrure.

La plaque de recouvrement présente sur son pourtour
deux petites échancrures *v* dans lesquelles entrent deux
tetons que porte le disque à composition; ces deux pièces
sont ainsi solidaires l'une de l'autre et, comme la vis qui
est au-dessus presse assez fortement, on ne peut les faire
tourner qu'avec le secours d'une *fourche de réglage* qu'on
engage à cet effet dans deux autres échancrures *xx* de la
plaque de recouvrement.

Le réglage se fait ainsi d'une manière aussi simple que
possible et en un seul temps, car il suffit d'amener avec
cette fourche la division indiquée de l'échelle que porte
le disque, au-dessus de l'index tracé sur le corps de
fusée.

On ne retire pas la feuille d'étain qui recouvre l'échancrure *u* parce qu'elle doit être fondue par les gaz de la
charge.

La composition, à laquelle la mèche tassée dans cette
échancrure communique le feu, conduit celui-ci jusqu'au-
dessus de l'ouverture du canal *h*, en faisant fondre à mesure
la feuille d'étain. On peut vérifier l'état de la composition
et, si elle est détériorée, remplacer le disque, sans être
obligé de dévisser la fusée de dessus le projectile.

La fusée est assujettie sur le projectile par une vis de
sûreté *q* (fig. 11) : sans cela le mouvement de rotation
pourrait la dévisser et la chasser, en raison de son grand
diamètre et de sa masse considérable.

Obus incendiaire (fig. 13). — Cet obus est rempli par une composition formée de salpêtre, de soufre, de chanvre coupé, d'huile de térébenthine et de poix noire, qu'on a fait fondre pour la verser dans le projectile, et qui, en se refroidissant, forme une masse d'une grande dureté. Il est armé d'une fusée en bois à quatre évents. Un dégorgement central, dans lequel débouche le canal de la fusée, est ménagé dans la composition incendiaire et renferme une amorce formée d'une espèce de roche à feu *b*, d'une couche de pulvérin *m*, et de mèche à étoupille *p*; il communique avec trois autres dégorgements qui aboutissent à trois ouvertures pratiquées vers la base de l'ogive, et qui sont remplis de mèche à étoupille; les ouvertures destinées à donner passage à la flamme sont obturées avec de la cire, une rondelle de papier et une rondelle de toile. La fusée est préparée pour correspondre à une durée déterminée; dès que le feu se communique aux amorces contenues dans le dégorgement de la composition incendiaire, les coiffes des évents de la partie ogivale sont projetées au dehors, la composition prend feu, et le projectile donne trois jets de flamme d'une grande intensité; ces jets, qui ont environ $0^m,31$ de longueur, durent $1\frac{2}{3}$ minute pour les projectiles de 4, et 3 minutes pour ceux de 8.

Boîte à mitraille. — La boîte à mitraille est en tôle de zinc avec un culot et un couvercle en zinc; celui-ci porte un anneau-poignée. Les balles sont en zinc et maintenues par du soufre fondu.

Tous ces projectiles sont enduits d'une matière grasse formée de suif et de résine, destinée à diminuer le frottement du projectile contre la paroi de l'âme et à prévenir l'encrassement de celle-ci.

Le canon de montagne n'a pas d'obus incendiaire, mais il lance les trois autres sortes de projectiles, qui sont organisés de la même manière que pour les canons de campagne.

Le tableau suivant fait connaître les principales données relatives à ces projectiles :

	PROJECTILES		
	de 3.	de 4.	de 8.
Données générales.			
Calibre des projectiles.	72^{mm},39	79^{mm},02	98^{mm},73
Saillie maximum des ailettes	3^{mm},27	4^{mm},38	4^{mm},38
Largeur maximum des ailettes	36^{mm},20	39^{mm},42	37^{mm},23
Obus ordinaire.			
Charge d'éclatement, en poudre à canon	0^k,140	0^k,200	0^k,438
Poids de l'obus chargé	2^k,817	3^k,587	6^k,580
Poids par centimètre carré de la section droite. . .	52^{gr}	70^{gr}	71^{gr}
Charge pour le tir de plein fouet, en kilog..	0^k,210	0^k,526	0^k,928
Id. en fraction du poids du projectile	0^k,0745	0^k,1462	0^k,1409
Vitesse initiale.	235^m	334^m	343^m
Vitesse de rotation initiale, à la surface du projectile	37^m,30	54^m,05	54^m,68
Charge pour le tir plongeant	0^k,110	0^k,178	0^k,260
Shrapnel.			
Charge d'éclatement, en poudre à fusil	0^k,042	0^k,060	0^k,118
Nombre de balles	55	80	140
Poids d'une balle..	0^k,013	0^k,013	0^k,013
Poids de l'obus chargé.	3^k,089	4^k,050	7^k,430
Charge de tir, en kilog..	0^k,210	0^k,526	0^k,928
Charge de tir, en fraction du poids du projectile. .	0^k,0680	0^k,130	0^k,125
Obus incendiaire.			
Poids du projectile	»	3^k,590	6^k,840
Boîte à mitraille.			
Nombre de balles	84	56	67
Poids d'une balle	0^k,052	0^k,052	0^k,070
Poids de la boîte.	2^k,270	3^k,746	6^k,460

Projectiles de siége et de place. — Les canons rayés de siége et de place lancent des obus ordinaires, des shrapnels et des boîtes à mitraille. Les obus ordinaires, recouverts d'une chemise de plomb, sont munis d'une fusée percutante semblable à la fusée prussienne. Les shrapnels ont la cavité intérieure disposée comme celle des shrapnels de campagne et sont armés d'une fusée à temps analogue à la fusée décrite précédemment, qu'on a modifiée pour suppléer à l'action des gaz de la poudre, au moyen d'un appareil percutant mis en jeu par le choc au départ ; elle est représentée fig. 14. L'échancrure *u* de la fig. 12

s'ouvre à l'*intérieur* sur une gorge communiquant avec un canal creusé dans l'arbre central ; l'appareil percutant est, au moment du tir, vissé sur l'arbre, au-dessus de ce canal.

Données principales relatives aux projectiles de 6, de 12 et de 24 de siége et de place.

| CALIBRE. | Charge de tir maximum. | OBUS ORDINAIRE. | | SHRAPNEL. | | | BOITE à mitraille. | |
		Charge explosive.	Poids de l'obus.	Charge explosive.	Nombre de balles en plomb.	Poids du Shrapnel.	Nombre des balles en zinc de 6 loths (105 gr.).	Poids de la boîte.
6	0k,595	0k,245	7k,228	0k,082	100 de 3/4 loths (5gr)	7k,52		4k,585
12	1k,102	0k,525	15k,225	0k,192	200 de 1 loth (17gr,5).	16k,450	96	10k,360
24	2k,152	0k,910	28k,070	0k,350	400 de 1 loth (17gr,5).	30k,888	170	18k,900

Quant aux projectiles sphériques encore en service, on ne fera que les mentionner en se contentant d'en représenter un (fig. 15), savoir le shrapnel que lancent l'obusier de 7 et le canon lisse de 24 ; il est armé d'une fusée à durée et à réglage continu, ressemblant beaucoup à celle du shrapnel de campagne.

IV.

EFFETS DU TIR.

On ne reproduira pas ici les considérations exposées précédemment ([1]), au sujet des divers éléments desquels dépend l'effet utile du tir ; le tableau suivant, disposé, afin de faciliter la comparaison, comme celui qui a été donné pour l'artillerie prussienne, et se rapportant de même à l'obus ordinaire, fait connaître ceux de ces éléments qui définissent la tension de la trajectoire, la force de pénétration du projectile et la justesse du tir.

([1]) Artillerie prussienne, page 89. (*Revue d'artil. 2e liv.*)

CANONS.	DISTANCE de tir.	TANGENTES des angles		ZONES DANGEREUSES pour un bnt haut de 1m,80.	VITESSES d'arrivée.	DEMI-FORCES VIVES restantes.	ÉCARTS PROBABLES en		
		de projection.	de chute.				portée.	direction.	hauteur.
	mètres.	″	″	mètres.	mètres.	kilogram-mètres.	mètres.	mètres.	mètres.
De 3 de m.	0	»	»	»	235,1	7935	»	»	»
	500	0,0365	0,054	33,3	204	5975	17,6	0,48	0,91
	1000	0,0955	0,123	14,6	183	4808	19,0	1,23	2,35
	1500	0,1650	0,218	8,3	165	3909	25,3	2,78	5,40
	2000	0,2510	0,330	5,4	152	3317	35,9	5,80	»
De 4.	0	»	»	»	334,3	20404	»	»	»
	500	0,0157	0,028	64,3	279	14431	16,7	0,40	0,50
	1000	0,0470	0,071	25,3	240	10530	13,4	0,83	0,95
	1500	0,0875	0,131	13,7	211	8139	11,7	1,32	1,50
	2000	0,1370	0,212	8,5	189	6531	16,7	1,94	4,25(?)
	2500	0,1985	0,321	5,4	173	5472	24,2	3,02	»
	3000	0,2695	0,469	3,8	162	4798	33,8	5,05	»
	3500	0,3870	0,685(?)	2,6	157	4506	46,0	8,4 (?)	»
De 8.	0	»	»	»	343,0	39456	»	»	»
	500	0,0160	0,0260	69,2	295	29186	16,1	0,47	0,44
	1000	0,0450	0,0625	28,8	258	22313	14,8	1,04	0,91
	1500	0,0795	0,112	16,1	230	17741	16,4	1,68	1,80
	2000	0,1215	0,179	10,1	208	14509	19,5	2,40	3,50
	2500	0,1725	0,264	6,8	191	12234	23,9	3,41	»
	3000	0,2350	0,371	4,8	178	10626	30,1	5,08	»
	3500	0,3150	0,511	3,5	170	9692	38,7	7,80	»
	4000	0,42(?)	»	»	166	9241	50(?)	11 (?)	»

On remarquera que les écarts *en portée* vont d'abord en diminuant ; cette singularité, que présente aussi le canon de 4 suisse (*Aide-mémoire des officiers d'artillerie suisse*, chap. XII, 1871), est rendue plus sensible par la lecture du tableau suivant, qui donne ces écarts de 200 en 200 mètres pour les premières distances :

	ÉCARTS EN PORTÉE POUR LES DISTANCES DE								
	400m	600m	800m	1000m	1200m	1400m	1600m	1800m	2000m
	m	m	m	m	m	m	m	m	m
Canon de 3.	17,9	17,3	17,2	19,0	21,1	23,7	»	»	»
Canon de 4.	17,7	15,75	14,4	13,4	12,5	11,8	12,3	14,3	16,7
Canon de 8.	16,5	15,8	15,2	14,8	15,0	15,9	16,9	18,1	19,5

Quant aux effets d'éclatement, ils sont indiqués par le tableau qui suit :

		CANONS		
		de 3.	de 4.	de 8.
Obus ordinaire.				
Nombre d'éclats {	du noyau	20 } 35	18 } 40	28 } 60
	de l'enveloppe	15	22	32
Nombre d'éclats {	gros (pesant plus de 87 gr.).	2 }	3 }	5 }
	moyens (pesant de 50 à 87 grammes.)	13 } 35	17 } 40	20 } 60
	petits (pesant moins de 50 grammes.)	20	20	35
Espace dangereux (tir de plein fouet) { longueur {	petites et moyennes distances .	190 à 300ᵐ	300 à 455ᵐ	455 à 600ᵐ
	grandes distances	75 à 110ᵐ	110 à 150ᵐ	150 à 265ᵐ
largeur.		110 à 150ᵐ	230 à 340ᵐ	300 à 455ᵐ
Espace dangereux (tir plongeant). { longueur {	petites et moyennes distances .	110 à 150ᵐ	150 à 225ᵐ	225 à 300ᵐ
	grandes distances	75ᵐ	150ᵐ	190ᵐ
largeur.		225ᵐ	380ᵐ	530ᵐ
Shrapnel.				
Nombre d'éclats {	gros (pesant de 175 à 400 grammes).	2 }	1 }	11 }
	moyens (pesant de 30 à 175 grammes).	8 } 42	19 } 38	18 } 47
	petits (pesant de 1 à 30 gr.).	32	18	18
Boîte à mitraille. (Tir exécuté en avril 1870 contre trois panneaux de 32ᵐ,20 de large, 3ᵐ,78 de haut et 38ᵐ d'intervalle.)				
Tir à 300ᵐ. {	Nombre de trous	»	49 } 54	86 } 95
	Nombre d'empreintes.	»	5	9
Tir à 400ᵐ. {	Nombre de trous	»	34 } 43	»
	Nombre d'empreintes.	»	9	»
Tir à 500ᵐ. {	Nombre de trous	»	»	40 } 57
	Nombre d'empreintes.	»	»	17

V.

ORGANISATION.

L'artillerie autrichienne est divisée en *artillerie de campagne, artillerie de place* et *artillerie technique.*

Artillerie de campagne. — L'artillerie de campagne se compose de treize régiments, qui comprennent chacun sur le pied de paix : un état-major, — 4 batteries à pied

de canons de 4, portant les numéros 1 à 4; — 3 batteries
de cavalerie de canons de 4 (¹), portant les numéros 5 à 7;
5 batteries à pied de canons de 8, portant les numéros 8
à 12; — un cadre de batterie de dépôt; — cinq cadres
de colonnes de munitions pour les régiments 1 à 6, et six
pour les régiments 1 à 13.

Ces treize régiments ont respectivement pour garnisons
les villes de Prague, Olmütz, Komorn, Josephstadt,
Pesth, Gratz, Vienne, Pesth, Lemberg, Neustadt, Vienne,
Laibach et Temesvar.

L'état-major d'un régiment est ainsi composé :

	PIED de paix.	PIED de guerre.
Colonel, commandant le régiment.	1	1
Lieutenant-Colonel, commandant la réserve d'artillerie du corps d'armée.	1	1
Majors, commandant l'artillerie divisionnaire ou les subdivisions de l'artillerie de réserve de l'armée.	2	3
Capitaine, commandant la réserve de munitions du corps d'armée	»	1
Lieutenants ou sous-lieutenants, adjoints aux cinq officiers supérieurs	»	5
Trompette de régiment.	1	1
Id. de division	3	4
NON-COMBATTANTS. { Médecins, majors ou aide-majors.	4	5
Officiers comptables.	2	2
Vétérinaires	1	2
Artificiers, *Führer* (sous-officiers), et caporaux pour les écritures.	3	6
1 sellier, 1 forgeron, 1 charron	3	3
Canonniers de 2ᵉ classe porteurs de bandages.	«	4
Canonniers conducteurs.	»	16
Ordonnances d'officiers	»	24
Chevaux... { d'officiers. . . . . 10 / de sous-officiers. . 10 / de trait 10		
Voitures à bagages 5		

En temps de paix, chaque batterie n'a que quatre pièces
attelées et deux voitures de munitions. Lors de la mise
sur pied de guerre, les batteries 1 à 12 sont complétées;

(¹) Batteries montées, attelées à six chevaux. (Il n'existe pas de batteries à cheval dans l'artillerie autrichienne).

on forme en même temps, avec les cadres de dépôt, deux batteries de 8, qui prennent les n°s 13 et 14, une batterie de dépôt et les colonnes de munitions.

Un corps d'armée, composé de trois divisions d'infanterie, a quatre batteries à pied de 4, six de 8, deux batteries de cavalerie et quatre colonnes de munitions. Les colonnes 1, 2 et 3 sont dans les parcs divisionnaires, et la colonne n° 4 dans le parc du corps d'armée ; cette dernière renferme un détachement d'ouvriers d'arsenal pour exécuter les réparations pendant la campagne. Pour une armée composée de plusieurs corps d'armée, les colonnes de munitions n°s 5 et 6 sont dans le parc général.

Les batteries sur le pied de guerre sont composées de *huit* bouches à feu et *huit* caissons, attelés à quatre chevaux pour les batteries à pied de 4, et à six pour les autres batteries ; il y a en outre cinq autres voitures dans les batteries à pied de 4, et six dans les autres.

L'effectif des subdivisions du régiment est ainsi réglé :

(*Voir le Tableau ci-contre.*).

	PIED DE PAIX.					PIED DE GUERRE.						
	Batterie de 4		Batterie de 8.	Cadres		Batterie de 4.		Batterie		Colonnes de munitions nos		
PERSONNEL.	à pied.	de cavalerie.		de colonnes de munitions.	de batterie de dépôt.	à pied.	de cavalerie.	de 8.	de dépôt.	1, 2, 3.	4.	5.
Capitaines	1	1	1	1	1	1	1	1	2	1	1	1
Lieutenants en 1er	1	1	1	2	2	1	1	1	2	1	1	1
Lieutenants	2	2	2	8	3	2	2	2	2	2	2	2
Cadets	1	1	1	»	»	1	1	1	»	»	»	»
Artificiers	2	2	2	3	3	2	2	2	8	3	3	3
Führer (sous-officiers)	4	4	4	4	4	4	4	4	8	2	2	2
Caporaux	6	6	6	5	5	8	8	8	16	6	6	6
Trompettes de batterie	1	1	1	1	1	2	2	2	2	1	1	1
Vormeister (chefs de voiture)	14	14	14	»	10	16	16	16	20	8	8	8
Canonrs de 1re classe	20	20	21	»	»	28	28	32	30	20	22	23
Canonrs de 2e classe	26	26	29	12	6	37	37	43	60	27	30	34
Canonnrs-conducteurs de 1re classe	7	11	11	»	»	20	27	27	10	81	35	37
Canonnrs-conducteurs de 2e classe	18	20	20	»	»	40	53	53	60	62	73	76
Ordonnances d'officrs	4	4	4	6	6	4	4	4	6	3	3	3
Forgerons et maréchaux-vétérinaires	1	1	1	»	»	3	3	3	8	3	3	3
Sellier	1	1	1	»	»	1	1	1	1	1	1	1
	109	115	119	37	41	170	190	200	230	170	190	200
CHEVAUX :												
D'officiers supérieurs	4	4	4	»	»	4	4	4	4	8	3	8
D'officiers subalternes	15	15	15	»	»	15	15	15	15	7	7	7
De trait	16	24	24	»	»	84	120	120	84	124	154	172
De réserve	2	4	4	»	»	6	8	8	6	»	»	»
Haut le pied { de selle.	»	»	»	»	»	»	»	»	»	4	4	4
{ de trait.	»	»	»	»	»	»	»	»	»	28	28	20
	37	47	47	»	»	109	147	147	109	166	196	20 6

L'excédant du matériel du pied de guerre sur celui du pied de paix était autrefois conservé dans les magasins de l'artillerie technique ou dans les arsenaux. Aujourd'hui il est conservé et entretenu par l'artillerie de campagne elle-même, et des locaux ont été disposés à cet effet dans les casernes des régiments. Un article des *Archiv für Art^e und Ing^r Offiziere des deutschen Reiches* (mars 1872), approuve cette mesure pour les motifs suivants : « 1° le

« matériel sera mieux surveillé et mieux entretenu par les
« régiments qu'il ne peut l'être par le personnel des arse-
« naux, bien moins nombreux et absorbé par mille autres
« préoccupations; 2° les officiers de l'artillerie de cam-
« pagne ont un intérêt immédiat à le faire tenir en excel-
« lent état, car leur action pendant la guerre en dépend,
« tandis que le fonctionnaire ou officier d'arsenal a une
« sorte d'intérêt à livrer aux troupes ce qu'il y a de plus
« avarié afin de s'en débarrasser; 3° enfin, et cette raison
« est la plus importante, la mobilisation se fera bien plus
« rapidement dans le nouveau système. »

Les deux tableaux qui suivent font connaître les quan-
tités de munitions qui se trouvent : 1° avec la pièce et le
caisson ; 2° dans la batterie entière et les colonnes de
parc.

Munitions transportées par la pièce et le caisson.

		Gargousses pour le tir		Obus ordinaires.	Shrapnels.	Obus incendiaires.	Boîtes à mitraille.	Étoupilles.	Nombre de coups.
		de plein fonet.	plongeam.						
PIÈCE DE 4.	dans l'avant-train de la pièce.	40	»	22	10	»	4	100	»
	dans le coffret d'affût.	4	»	»	»	»	4	»	»
	dans l'avant-train du caisson.	40	»	22	10	»	4	100	»
	dans l'arrière-train du caisson.	72	35	66	10	4	»	»	»
		156	35	110	30	4	12	200	156
PIÈCE DE 8.	dans l'avant-train de la pièce.	30	»	18	8	»	4	100	»
	dans le coffret d'affût.	8	»	»	»	»	4	»	»
	dans l'avant-train du caisson.	30	»	18	8	»	4		»
	dans l'arrière-train du caisson.	60	32	52	8	4	»		»
		128	32	88	24	4	12	200	128

Munitions des batteries et des colonnes.

		BATTERIES			COLONNES		
		de 4 à pied.	de 4 de cavalerie.	de 8.	nos 1, 2, 3.	no 4.	no 5.
Cartouches du calib. de 10mm,98		»	»	»	297990	101430	199770
Gargousses pour le tir de pl. fouet..	de 4. . .	1248	1248	»	1152	88	2336
	de 8. . .	»	»	1024	658	1976	1066
Gargousses pour le tir plongeant. . .	de 4. . .	280	280	»	196	»	288
	de 8. . .	»	»	256	128	352	240
Obus ordinaires . .	de 4. . .	880	880	»	884	44	1772
	de 8. . .	»	»	704	494	1548	1072
Shrapnels.	de 4. . .	248	248	»	220	20	460
	de 8. . .	»	»	192	120	320	» 288
Boîtes à mitraille..	de 4. . .	96	96	»	44	16	92
	de 8. . .	»	»	96	32	80	72
Obus incendiaires.	de 4. . .	32	32	»	26	»	38
	de 8. . .	»	»	32	16	40	32
Fusées de signaux.		»	»	»	»	20	»

D'après l'organisation indiquée plus haut, l'artillerie
autrichienne de campagne compte 182 batteries (195 si
on comprend celles du dépôt), ce qui fait en tout 1456
(1560) pièces attelées. Or, l'état de guerre de l'armée
autrichienne comporte en nombres ronds 800000 hommes,
soit 700000 combattants : il n'y a donc que 2,1 à 2,2
pièces par 1000 hommes. Ce chiffre paraît faible, même
en ayant égard aux batteries de mitrailleuses non comptées
dans ce total, et en tenant compte de ce fait que les pièces
de 8 sont en très-forte proportion par rapport à celles de 4.

Artillerie de place. — L'artillerie de place se compose de
douze bataillons d'artillerie de place proprement dite et
d'un régiment d'artillerie de côte.

Celui-ci se compose lui-même de trois bataillons à
quatre compagnies ; en temps de guerre, le nombre de
ces compagnies est augmenté, et les deux premiers bataillons fournissent, en outre, chacun une batterie de 3 de
montagne.

Les douze bataillons d'artillerie de place ont en temps de

paix cinq compagnies ; le 9ᵉ, le 11ᵉ et le 12ᶜ ont en outre, le premier, trois batteries de montagne et les deux autres chacun une. En temps de guerre, le nombre des compagnies est porté à six, ainsi que celui des batteries de montagne.

La batterie de montagne est de quatre pièces et transporte par pièce 112 coups, savoir : 72 obus ordinaires, 24 shrapnels, 16 boîtes à mitraille, plus 36 charges pour le tir plongeant.

Les bataillons d'artillerie de place reçoivent en dépôt le matériel des batteries de montagne et leurs réserves en objets d'équipement et armes pour les hommes, tandis que le matériel servant à armer les places est conservé par l'administration des arsenaux.

Artillerie technique. — L'artillerie technique comprend les ouvriers chargés de la construction et de l'entretien des bouches à feu, des armes portatives, des armes blanches, des munitions, du matériel d'artillerie, du harnachement, etc. — Son personnel est réparti dans 16 arsenaux ou grands commandements d'artillerie (*Zeug - Artillerie - Kommanden*) établis dans les principales villes de l'empire ([1]) ; en temps de guerre, elle détache des compagnies d'ouvriers dans les parcs des corps d'armée. Les officiers d'artillerie sont appelés à tour de rôle dans l'artillerie technique. Son effectif est d'environ 3000 hommes et comprend 29 officiers supérieurs, 55 capitaines, 170 lieutenants.

Instruction des sous-officiers et des officiers. — Pour la formation des sous-officiers, l'instruction des volontaires d'un an et la préparation à l'école des cadets d'artillerie, il existe dans chaque bataillon ou régiment une école de sous-officiers qui est dissoute lors de la mobilisation.

L'instruction des officiers se fait à l'école des cadets

([1]) Vienne, Gratz, Karlstadt, Prague, Olmütz, Cracovie, Komorn, Karlsbourg, Stein, Trieste, Zora, Insbrück, Raguse, Vienne, Vienne.

d'artillerie et à l'*Académie de l'artillerie technique* (autrefois *Académie du génie et de l'qrtillerie*); ces deux institutions subsistent pendant la guerre. A leur sortie de l'académie, les officiers débutent ordinairement dans l'artillerie de place; après y être restés un an, et avoir passé une deuxième année dans un régiment, ils peuvent être admis sur leur demande au cour supérieur des officiers d'artillerie, et ceux qui y ont satisfait aux examens de clôture sont nommés lieutenants en premier au choix.

Dans chaque régiment, on compose à l'automne une *équitation*, où des officiers et sous-officiers, en nombre indéterminé, sont exercés à monter, conduire et dresser les chevaux, pour remplir ensuite dans les batteries les fonctions d'instructeurs. Ceux qui ont suivi ces exercices avec le plus de succès peuvent être envoyés à Vienne, à l'*École centrale d'équitation de l'artillerie*, d'où ils sortent instructeurs pour les *équitations* des régiments.

Enfin il y a encore, à Vienne, une *école de pyrotechnie*.

E. JOUFFRET, *capitaine d'artillerie,*
Adjoint au professeur du Cours d'artillerie à l'École d'application
de l'artillerie et du génie, à Fontainebleau.

Nancy, Imprimerie Berger-Levrault et Cie.

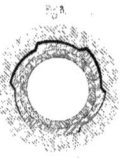
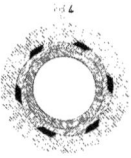
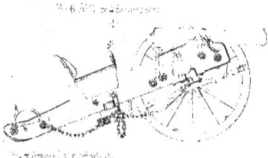
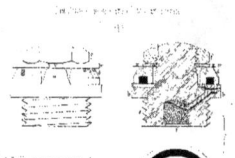
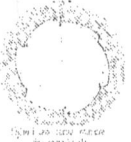
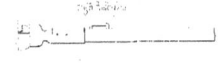
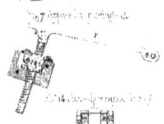

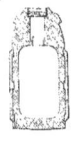
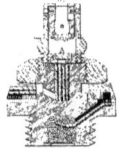
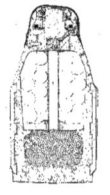
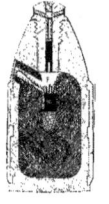
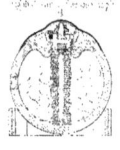

6

www.ingramcontent.com/pod-product-compliance
Lightning Source LLC
Chambersburg PA
CBHW060751280326
41934CB00010B/2448